# EDICT ET DECLARATION DV ROY.

Portant restablissement aux Officiers des Eslections des qualitez de Presidens, Lieutenans & de Conseillers, tant a eux qu'aux Esleuz & Controlleurs, & confirmation de leur exercice continuel, gages, taxations, droits de signature de roolles & bordereaux, priuileges & exéptions de toutes tailles, tant ausdits Presidents, Lieutenás, Esleuz & Controlleurs, qu'aux Aduocats & Procureurs du Roy, Receueurs des Aydes, Tailles & Taillon, Esleuz Particuliers, & Greffiers desdites Eslections de ce Royaume.

*may 605.*

Auec les Arrests de Verification de la Chambre des Comptes & Cour des Aydes, les 11. Iuillet, & 20. de Septembre 1605.

## A PARIS.

-----

### M. DC. V.

HENRY par la grace de Dieu , Roy de France & de Nauarre , A tous presens & à venir, Salut. Nos chers & bien amez les Eleuz, Contrerolleurs & autres officiers des Eslections de celuy nostre Royaume. Nous ont fait dire & remonstrer, Que depuis nos Edicts des mois de Ianuier 1598. Feurier 1599. & Mars 1600. Declarations & Arrests de nostre Conseil donnez en consequence d'iceux, contenans suppression des qualitez de Conseillers, Presidens, & Lieutenans, reduction de leurs exercice , gages, taxations, droicts de verification de roolles, & autres attribuez à leurs offices, ils ont esté & sont encores fort empeschez en la forme & maniere de les exercer : soit pour leurs seruices & sceances , ou perception desdites taxations & droicts , diuersement reglez par nosdits Edicts , & les verifications de nos Cours des Aydes. D'auantage qu'ils sont iournellement pourfuiuis & trauaillez à cause des radiations , supercessions & souffrances faites sur eux en nos Chambres des Comptes : tant pour faire apparoir de la finance par chacun d'eux payée en nos parties casuelles, afin de reduire leurs gages au denier huict , que pour le recouurement desdites taxatiós ordinaires & extra-ordinaires sur ceux qu'on pretend ne les auoir deu prendre hors leurs années d'exercice. Et ce qui les greue & surcharge encores plus, est que les ayans tous rendus contribuables à nos Tailles, ils se voyent maintenant ex-

A ij

poſez à la diſcretion & volonté des manans & habitans des villes & parroiſſes de leurs demeuran-
ces, qui les impoſent & taxent à telles ſommes que
bon leur ſemble , bien ſouuent plus par paſſion &
animoſité, que par conſideration de leurs moyens
& facultez : de ſorte qu'il ne leur reſte quaſi plus
d'auctorité , de profit ny commodité de leurs offices, pour les pouuoit honneſtement & dignement
ſouſtenir & deſeruir : Ce qui eſt neantmoins fort à
conſiderer, & importe plus au bien general de nos
affaires & ſeruice, qu'à leur particulier meſmes. Et
pource nous ont tres humblement ſupplié & re-
quis mettre en conſideration que leurs charges e-
ſtans des plus anciennes & neceſſaires au faict de
nos finances , il eſt bien iuſte & raiſonnable de les
maintenir & conſeruer en quelque degré d'hon-
neur & d'auctorité par deſſus le commun peuple :
& leur donner du reuenu & commoditez de s'y
entretenir, ſelon la decence qui y appartient. Ce
faiſant les vouloir remettre & reſtablir en leurs anciennes fonctions, qualitez, gages, taxations, priuileges & droicts : les deſchargeans des radiations
faites en execution de noſdits Edicts : attendu les
diuerſes finances qu'ils nous ont cy-deuant pour
ce payées , autrement ils ſeroyent contraints remettre leurs Offices en nos mains, & nous ſupplier
leur pouruoir de rembourſement. Sçauoir faiſons,
qu'ayans fait mettre cet affaire en deliberation en
noſtre Conſeil, où eſtoient aucuns Princes , & des
plus grands perſonnages de cet Eſtat. Nous de l'aduis d'iceluy , & deſiras traiter noſdits Officiers des
Eſlections , autant fauorablement que nous ſça-
uons leurs charges eſtre vtiles & neceſſaires au bié

de nos affaires & du public. Auons par ceftuy noftre Edict perpetuel & irreuocable remis & refta-
bly, remettons & reftabliffons les qualitez de Prefidens & Lieutenans enfemble celle de Confeiller,
tant à eux qu'aux efleuz & Controlleurs defdites
Ellections. Voulons & nous plaift que les officiers
d'icelles exercent leurs eftats & charges côtinuel-
lement en corps & bureau felon leur ancienne in-
ftitution: ayent & perçoiuent les mefmes gages &
taxations ordinaires & extraordinaires, figature
des rolles & autres droicts qui leur font attribuez
par leurs Edicts de creation & d'augmentation,
deuëment verifiez, fans aucune reduction ne diminution d'iceux : tout ainfi & en la mefme forme
& maniere qu'ils s'exerçoient & en jouyffoient
auparauant nofdits Edicts de fuppreffion & reduction. Lefquels gages taxations & droicts, nous
leur auons entant que befoin eft, ou feroit, confir-
mé & confirmons. Et à cefte fin ordonnons que
toutes les fuperceffiôs & fouffrances faites fur lefdits officiers, à faute de rapporter leurs prouifions
& quittance de finance, ou caufe de feruice alterna-
tif porté par lefdits Edicts, foient reftablies & les
parties prenantes defchargées purement & fim-
plement, fans qu'elles foient tenuës faire aucune
verification de finâce. Faifans expreffes inhibitions
& defences aux Contrerolleurs generaux des re-
ftes, Receueurs comptables & autres qu'il appar-
tiendra, de les pourfuiure ny molefter à cefte oc-
cafion, à peine de tous defpens dommages & inte-
refts. Declarans auffi, qu'ils ne pourront eftre re-
cherchez pour la perception & jouyffance des
droits de fignatures, depuis lefdits Edicts, touz pre-

texte d'auoir esté pris & leuez és années hors de
seruice, dont attendu les verifications de nosdites
Cours des Aydes, nous les quittons & deschargeós.
Et outre ce afin de rendre lesdits officiers, & pareil
lement nos Aduocats & Procureurs, Receueurs,
des Aydes, Tailles, Taillon, Esleuz particuliers, &
Greffiers desdites Eslections plus affectionnez à
departir & imposer esgallement nos deniers, tenir
la main à l'acceleration d'iceux, & qu'il ne s'y trou-
ue aucunes non valeurs, Avons de nouueau con-
cedé & octroyé, concedons & octroyons par ces
presentes à chacun d'eux, tant & si longuement
qu'il exercera son office, aux successeurs en iceluy
& aux vefues pendant leur viduité, l'exemption,
immunité, priuilege & affranchissement de toutes
Tailles, Taillon, & Creuës tant ordinaires qu'extraordinaires, pour en jouyr, comme ils faisoient
auparuant la reuocation d'iceux : auec deffences à
tous Asseeurs, Collecteurs & habitans de les com-
prendre és roolles desdites Tailles, ny les contrain-
dre és payemés d'icelles, sur peine d'amende atbi-
traire. Et pour ce qu'en aucunes Eslections les qualitez de President & Lieutenant ne se trouuent en-
tierement remplies: desirans les rendre toutes vni-
formes, composees de mesmes officiers les vnes
que les autres : & aussi gratifier les anciens Esleuz
en ce qui nous sera possible, en faueur des longs
seruices qu'ils ont rendu au faict de leurs charges.
Voulons & nous plaist où il n'y a point de Presidés
& Lieutenans titulaires, que les trois anciens Esleuz chacun selon l'ordre de sa reception ayent &
prennent lesdites qualitez d'ancien, second President & Lieutenant. S'il y a vn President seullemét,

les deux premiers Esleuz celles de second Presidét
& Lieutenant. Où il y aura vn President & Lieutenant, le Lieutenant entrera en la place de second
President, & l'ancien Esleu en celle de Lieutenant.
Et s'il n'y a qu'vn Lieutenant le mesme ordre & re-
glement cy-dessus sera obserué. Lesquelles qualitez nous annexons & attribuons inseparablement
à leurs offices. Et où ils seroient refusans de les ac-
cepter dedans deux mois apres la verification du
present Edict, nous en referons le choix & option
aux Esleuz immediatement receuz apres eux, &
ainsi consecutiuement aux autres. Lesquels en ce
faisant, & leurs resignataires iouyront des presen-
ces, pouuoirs & auctoritez y attribuees par les E-
dicts de creation & ampliation, sans que lesdits
Lieutenans & Esleuz de present soyent pour ce o-
bligez faire autre serment que celuy cy deuant pre-
sté pour leurs offices, ains seulement prendre nos
lettres de Declaration pour l'attribution d'icelles
qualitez, à la charge toutesfois que lesdits Officiers seront tenus nous payer la finance à quoy ils
seront pour ce taxez moderément en nostre Conseil. Si dónons en mandement à nos amez & feaux
Conseillers les gens de noz Comptes & Cour des
Aydes à Paris que cestuy nostre Edict, ils facent re-
gistrer, & de l'effect & contenu en iceluy, souffrent
& laissent nosdits officiers desdites Eslections,
jouyr & vser plainement & paisiblement sans per-
mettre qu'ils y soient troublez ny empeschez. Le
tout nonobstant nosdits Edicts de Ianuier 98 Fé-
vrier 99. & Mars 1600. Declarations, Reglemens,
Arrests & defenses depuis ensuiuis, que nous a-
uons pour cet effet reuoqué & reuoquós, & à tou-

tres Ordonnances, Defences & Lettres à ce con-
traires derogé & derogeons par-cesdites presentes.
Car tel est nostre plaisir. Et afin que ce soit chose
ferme & stable à tousiours, nous auons fait mettre nostre seel à icelles, sauf en autres choses nostre droict & l'autruy en toutes. Donné a Fontainebleau, au mois de May, l'an de grace 1605. Et de
nostre regne le xvj⁰ Signé, HENRY. Et sur le reply, Par le Roy, Potier. Et a costé. Visa. Et seellées
sur double queuë de cire verde en lacs de soye rouge & verd. Et sur ledit reply est escrit.

*Regiſtrées en la Chambre des Comptes, ouy sur ce le Pro-
cureur general du Roy, suiuant l'Arreſt de ce fait le 11
iour de Iuillet 1605.* Signé, LE PREVOST.
Et a costé est encores escrit.

*Regiſtrées en la Cour des Aydes, ouy sur ce le Procureur
general du Roy, suiuant & aux charges portées par l'Arreſt de ladite Cour du iourd'huy. A Paris le 20. iour de Septembre 1605.* Signé, BERNARD.

---

## Extraict des Regiſtres de la Chábre des Comptes.

**V**Eu par la Chambre les lettres patétes du Roy, en forme d'edict dónées à Fontainebleau, au mois de May
dernier, signées HENRY. Et sur le reply, Par le Roy, Potier.
Par lesquelles & pour les causes y contenuës: Ledit s⁰ a remis & restably les qualitez de Preſident & Lieutenant,
ensemble celles de Conseiller, tant à eux qu'aux Eſleuz &
Controlleurs des Eſlections de ce Royaume: Veut que les Officiers desdites Eſlections exercent leurs estats & charges
continuellement en corps & bureau, selon leur ancienne inſtitution, aux gages, taxations, signatures de rolles & autres droicts, selon & ainsi que plus au long est declaré par
*lesdites*

lefdites lettres: l'Arreſt ſur ce interuenu le 13. iour de Iuin
dernier. Par lequel elle auroit declaré ne pouuoir entrer à la
verification dudit Edict. Autres lettres patentes du Roy,
données à Paris le 15. dudit mois, ſignées comme les precedē-
tes, contenant iuſſion & mandement tres-expres à ladite
Chambre, que ſans s'arreſter aux difficultez qu'elle pourroit preſuppoſer à l'execution dudit Edict, & toutes affaires
ceſſans: elle ait à le verifier purement & ſimplement, ſelon ſa forme & teneur, ſans reſtrinction, modification, ny
attendre autre plus expreſſe declaration. Lettres de cachet
du Roy, du 7. enſuiuant, aux fins de ladite verification, les
remonſtrances baillées par eſcrit par les Officiers des Eſlectiõs
de Tours, Amboyſe & Blois: & oppoſition formée par ceux
de l'eſlection de Soiſſons. Conclusions du Procureur general
du Roy, & tout conſideré, LA CHAMBRE a ordonné
& ordonne ledit Edict eſtre regiſtré pour auoir lieu entre les
volontaires, & ſans qu'aucun deſdits Officiers puiſſe eſtre
contrainct payer la finance, à laquelle il pourroit eſtre taxé
pour leſdites qualitez, exemption de priuileges, droicts, &
gages, ſi bon ne luy ſemble. Fait le 11 iour de Iuillet 1605.

  Signé,     LE PREVOST.

---

Declaration du Roy, ſur ſon Edict du mois de May 1605.
  portant reſtabliſſement des eſleuz.

HENRY par la grace de Dieu, Roy de France & de Nauarre. A tous ceux qui ces preſen-
tes lettres verront, ſalut. Sçauoir faiſons, que pour
eſclarcir & reſoudre les doutes & difficultez qui ſe
ſont preſentées à la verification de noſtre Edict du
mois de May dernier, contenant reſtabliſſemē
des qualitez de Preſidens, Lieutenans & Conſeil-
lers, tant à eux qu'aux Eſleuz & Controlleur, exer-

cice continuel, gages , taxations , droicts de fignatures de roolles & bordereaux , priuileges , exem-
ptions, immunitez de toutes Tailles, aux Officiers
des Eflections de ceftuy noftre Royaume , & autres portez par iceluy. Novs de l'aduis de noftre
Confeil , & de noftre certaine fcience, plaine puif-
fance & auctorité Royale, Auõs dit & declaré, que
nous auons entendu & entendons efteindre, reuo-
quer & aénuller : comme nous efteignons, reuo-
quons & adnullons l'Edict par nous faict au mois
de Feurier 1602. fur le retranchemét defdits droits
de fignatures, bordereaux,& droits de quictances,
dont iouyffoient lefdits officiers, moyennant le ré-
bourfement de la finance pour ce payée, qui leur
deuoit eftre faite par M.        Paulet , Secretaire
ordinaire de noftre Chambre : enfemble la verification fur ce interuenuë , tout ainfi que s'il eftoit
particulierement comprins & reuoqué par ledit
Edict du mois de May dernier. N'entendans que
fonz pretexte d iceluy , nofdits officiers, ny aucun
d'eux foyent troublez ou empefchez en la jouyffance entiere des droits deffufdits , qu'ils auoyent
auant l'affemblée tenuë en noftre ville de Roüen.
Voulons auffi & nous plaift, qu'és Eflections où y
a dés à prefent deux Prefidens pourueuz & exer-
çans , les titulaires d'iceux en jouyffent & conti-
nuent d'exercer comme par le paffé. Et neátmoins
aduenant vacation par mort,refignation ou autrement de l'vn de ces deux offices , n'y fera pourueu
finon en qualité d'Efleu tant feulement , afin qu'il
ny refte plus qu'vn Prefident , la qualité de l'autre
demeurante alors du tout efteincte & fupprimée.
Et pour celles où n'y a maintenant qu'vn Prefidét

titulaire, ne voulons qu'il y en foit admis d'autre ny plus grand nombre, ains auons ladite qualité de Prefident deuxiefme qui refteroit à reftablir fuiuãt noftredit Edict, dés à prefent efteincte & fuppri-mée, efteignons & fupprimons par ces prefentes. Et en confequéce de ce, aux Ellections où n'y a de prefent que des Eflèuz, ne fera eftably qu'vn feul Prefident & vn Lieutenant. Declarons auffi que ceux des Officiers defdites Ellections demeurans és villes franches, ou qui font nobles & viuans no-blement, ou exempts & priuilegiez par le moyen d'autres eftats & charges qu'ils tiennent, ne feront aucunement taxez pour l'exemption defdites tail-les, ains continuëront a iouyr de leurs priuileges, tant qu'ils ne feront acte derogeant. Et pour faire cognoiftre que nous ne voulons trauailler ny mo-lefter lefdits Officiers, pour payement des fommes à quoy ils feront taxez pour iouyr du benefice du-dit Edict Declarons qu'il ne fera decerné aucunes contrainctes à l'encontre d'eux pour le recouure-ment defdites taxes, noftredit Edict du mois de May fortiffant fon effect au refidu d'iceluy. Si don-nons en mandement à nos amez & feaux Confeil-lers, les gens tenans noftre Cour des Aydes à Pa-ris, que ces prefentes nos lettres de Declaration ils facent lire, publier & regiftrer auec noftredit Edict du mois de May, & le contenu en iceux garder & obferuer : enjoignans à noftre Procureur general y tenir la main toutes affaires ceffans. Car tel eft noftre plaifir. En tefmoin dequoy nous auons fait mettre noftre feel à cefdites prefentes. Donné à Paris, le 1. iour de Septembre, l'an de grace, 1605. Et de noftre regne le xvije. Signé, HENRY. Et fur

B ij

le reply, Par le Roy, Potier. Et seellées sur double
queuë de cire jaulne. Et sur ledit reply est escrit.

Regiſtrées en la Cour des Aydes, ouy ſur ce le Procureur
general du Roy, ſuiuant & aux charges portées par l'Arreſt de ladite Cour du iourd'huy. A Paris le 20. iour de Septembre 1605. Signé, BERNARD.

---

*Extraict des Regiſtres de la Cour des Aydes.*

VEV par la Cour les lettres patentes du Roy,
en forme d'Edict, donnees à Fontainebleau,
au mois de May 1605. dernier, ſignées HENRY. Et
ſur le reply, Par le Roy, Potier. Et ſeellees ſur iacs
de ſoye rouge & verde, Par leſquelles & pour les
cauſes & conſiderations y contenuës, ſa Majeſté
de l'aduis de ſon Conſeil, a remis & reſtably, remet
& reſtablit les qualitez des Preſidens & Lieutenãs,
enſemble celles de Conſeiller, tant à eux qu'aux Eſleuz & Controlleurs des Eſlections de ce Royaume. Veut & luy plaiſt que les officiers deſdites Eſlections, exercent leurſdits eſtats & charges continuellement en corps & bureau, ſelon leur ancienne inſtitution, aux meſmes gages & taxations ordinaires & extraordinaires, ſignatures & roolles &
autres droicts qui leurs ſont attribuez par leur E-
dict de creation & d'augmentation deuëment ve-
rifié, ſans aucune reſtrinction ne diminution d'i-
celles, ſelon & ainſi que plus au long eſt porté &
contenu par leſdites lettres: L'Arreſt donné en la
Chambre des Comptes à Paris le 11. jour de Iuillet
audit an 1605. Portant la verification deſdites let-

tres, aux charges portees par ledit Arrest : Autre
Arrest de ladite Cour, du 30. jour dudit mois de
Iuillet, par lequel auroit esté dit qu'elle ne pouuoit
entrer à la verification dudit Edit, & supplioit tres-
humblement le Roy, l'en excuser. Autres lettres
patentes en forme de jussion, données à sainct Ger-
main en Laye, le 6. jour d'Aoust aussi dernier, signées, H E N R Y. Et plus bas, Par le Roy , Potier.
Et seellees sur simple queuë du grand seel de cire jaune. Par lesquelles sadite Majesté mande &
enjoinct à ladite Cour , que toutes affaires ces-
sans & postposees, elle aye à proceder à la verification pure & simple dudit Edict, sans y apporter de
lógueur, modification ne difficulté. Autres lettres
patentes en forme de declaration, sur ledit Edict,
donnees à Paris, le premier jour du present mois
de Septembre, aussi signées H E N R Y. Et sur le reply, Par le Roy, Potier, Et seellees sur double
queuë du grand seel de cire jaune. Par lesquelles sa
Majesté, pour esclarcir & resoudre les difficultez
qui se sont presentees à la verification dudit Edict,
dit & declare qu'elle a entendu & entend esteindre
reuocquer & annuler, comme elle esteind, reuoc-
que & annulle l'Edict par elle faict au mois de Fé-
vrier 1602. sur le retranchement des droicts de signatures, bordereaux & droicts de quittance, dont
jouyssoient lesdits officiers, moyennant le rem-
boursement de la finance pour ce payée, qui leur
deuoit estre faict par M.          Paulet, ensemble la verification sur ce interuenuë, tout ainsi que
s'il estoit particulierement comprins & reuocqué
par ledit Edict du mois de May : N'entendant que
souz pretexte d'iceluy, lesdits officiers, ny aucun

d'eux ſoient troublez ou empeſchez en la jouyſ-
ſance entiere deſdits droicts qu'ils auoient auant
l'aſſemblée tenuë en la ville de Roüen. Veut auſſi
& luy plaiſt ſadite Majeſté qu'és Ellections où y a
dé, à preſent deux Preſidens, pourueuz & exer-
çans les titulaires d'iceux, en jouyſſent & conti-
nuënt d'exercer, comme par le paſſé, & neätmoins
aduenant vaccation par mort, reſignation ou autrement, de l'vn de ces deux offices, ny ſera pourueu ſinon en qualité d'Elleu tant ſeulement, affin
qu'il n'y reſte plus qu'vn Preſident, la qualité de
l'autre demeurant alors du tout eſteincte & ſupprimée: Et pour celle où il n'y a maintenant qu'vn
Preſident titulaire, ſadite Majeſté ne veut qu'il en
ſoit admis d'autre, ny plus grand nombre, ains demeurera ladite qualité de Preſident deuxieſme,
eſteincte & ſupprimée: & en conſequence de ce,
aux Ellections où il n'y a de preſent que des Elleuz
ne ſera eſtably qu'vn ſeul Preſident & vn Lieutenant, & que les officiers deſdites Ellections demeurans és villes franches ou qui ſont nobles & viuans noblement, ou exempts & priuilegiez par le
moyen d'autres eſtats & charges qu'ils tiennent,
ne feront aucunement taxez pour l'exemption des
entrees, tailles: ains continueront à jouyr de leurs
priuileges, tant qu'ils ne feront acte derogeant:
ainſi que plus au long le contiennent leſdites lettres en forme de juſſion, données à Paris, le 6. dudit preſent mois de Septeembre, auſſi ſignées, &
ſeellées, comme les precedantes, Par leſquelles eſt
mandé, & treſ-expreſſement enjoinct à lad. Cour
que toutes affaires ceſſantes, elle aye à faire aſſem-
bler toutes les deux Chambres d'icelle, & incon-

tinant proceder à la pure & simple verification dudit Edict & declaration, expediée sur iceluy, sans
y vser de longueur, remise ou difficulté, nonobstãt
le temps des vaccations ainsi que contiennet plus
au long lesdites lettres, les actes des oppositions
formées à la verification dudit Edit, par les Esleuz
des Eslections tant de ceste ville de paris que autres.
Les conclusions du Procureur general du Roy, au-
quel le tout auroit esté communiqué, & tout con-
sideré, La Cour, les Chambres assemb ées, a ordonné & ordonne que lesdires lettres en forme
d'Edit du mois de May dernier, & lettres de declaration, du premier Septembre ensuiuant, seront
registrees au Gieffe d'icelle, pour auoir lieu aux
chaiges & modifications, portees par lesdites lettres & declarations, qui font qu'és Eslections où y
a deux presidens pourueuz & receuz, ils exercerôt
moyennant que vaccation par mort, resigna-
tion ou autrement aduenant de l'vn d'eux, y sera pourueu en qualité d'Esleu tant seullement,
la qualité de President demeurant esteincte & supprimée: Et és eslections où n'y a qu'vn President,
n'y en sera admis aucun autre, & demeurera des à
present ladite qualité de deuxiesme President, aussi
esteincte & supprimée: & en celle ou n'y a aucun
President, ny sera pourueu que d'vn seul President
& vn Lieutenant: aussi qu'il ne sera decerné aucune contrainicte contre lesdits Officiers des Eslections, pour le recouurement des taxes de ceux
desdits Officiers demeurans en villes franches, ou
qui font nobles & viuans noblement, ou exempts
desdites tailles, ains iouyront de leurs priuileges,

tant qu'ils ne feront actes dérogeans à iceux : &
ſur l'oppoſition formée, tant par les Eſleuz de Par.
que autres, Ordonne ladite Cour, que leſdits E
leuz ſe pouruoyront par deuers le Roy. Sera ne
antmoins ledit Sieur treſ-humblement ſupplié, de
vouloir deſcharger ſes ſubjects contribuables aux
tailles, des ſommes eſquelles les Officiers deſdites
Eſlections eſtoyent taxez & impoſez par chacun
an. Prononcê le vingtieſme iour de Septembre,
mil ſix cens cinq.

Signé,                    BERNARD.